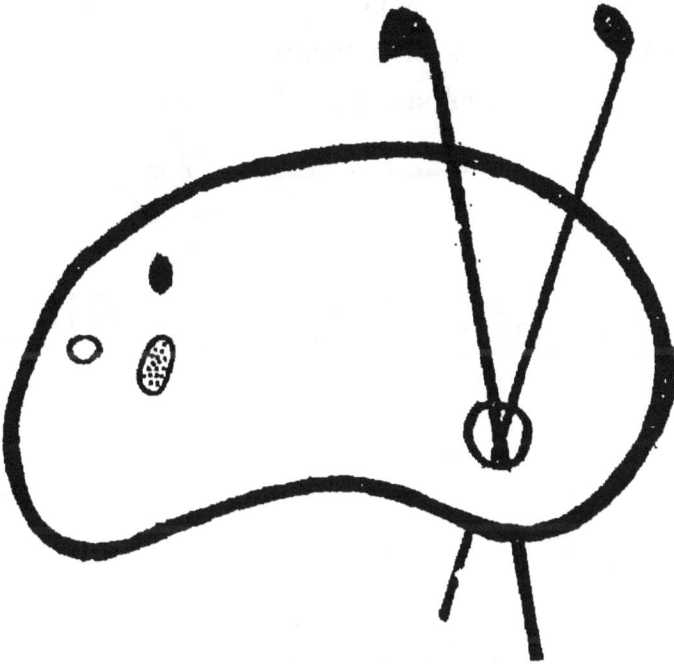

COUVERTURE SUPERIEURE ET INFERIEURE
EN COULEUR

OBLIGATIONS

IMPOSÉES PAR LA LOI AUX DISPONIBLES
AUX RÉSERVISTES, AUX TERRITORIAUX ET AUX
HOMMES DES SERVICES AUXILIAIRES.

PETIT GUIDE DE L'HOMME
DANS SES FOYERS

VANNES

IMPRIMERIE LAFOLYE

—

1900

28ᵉ RÉGIMENT D'ARTILLERIE

OBLIGATIONS

IMPOSÉES PAR LA LOI AUX DISPONIBLES
AUX RÉSERVISTES, AUX TERRITORIAUX ET AUX
HOMMES DES SERVICES AUXILIAIRES.

PETIT GUIDE DE L'HOMME
DANS SES FOYERS

VANNES

IMPRIMERIE LAFOLYE

1900

TABLE DES CHAPITRES

		Pages.
CHAPITRE 1er. — Dispositions générales.	. . .	5
— II. — Changement de domicile et de résidence.	. . . . .	15
— III. — Du livret individuel.	. . .	18
— IV. — Appels et mobilisation.	. . .	25
— V. — Obligations morales.	. . . .	35

AUX ANCIENS CANONNIERS DU 28ᵉ

Ce petit guide vous a été donné au moment de quitter le service pour rentrer dans vos foyers.

Conservez-le précieusement.

Toutes vos obligations militaires y sont résumées. Avec ce petit livre, vous pourrez savoir, en toute circonstance, ce que vous devez faire soit pendant vos dix années de réserve de l'armée active, soit pendant vos douze années de territoriale.

Il peut même rendre service à vos voisins, à vos amis, anciens soldats d'une arme quelconque ou hommes appartenant aux services auxiliaires.

En le consultant, vous vous éviterez des ennuis, des fausses démarches, des contrariétés de toutes sortes.

Vous lirez aussi la dernière partie, résumé rapide des principales obligations morales auxquelles tout homme est tenu, et vous la relirez souvent, car ce n'est pas la moins importante.

Vos officiers, au régiment, vous ont déjà appris par la parole et par l'exemple ce qui est renfermé dans ce chapitre V, mais il ne faut pas l'oublier.

Rappelez-vous toujours, et ne craignez pas de le dire souvent autour de vous, et surtout à vos enfants, que, pour être un bon soldat, un digne Français, un homme d'honneur, il ne suffit pas d'être en règle extérieurement avec la loi et d'avoir évité la punition.

Il faut quelque chose de plus.

Il faut que votre conscience soit en repos, aussi bien pour les choses de peu d'importance que pour les choses graves; qu'elle ne vous reproche absolument rien.

Il faut pouvoir marcher au milieu de vos concitoyens le front haut, le regard pur; il faut que tous ceux qui vous connaissent vous aiment et vous estiment, et ce résultat est facile à obtenir, il suffit d'un peu de volonté.

Vous l'atteindrez en continuant à être au foyer familial ce que vous étiez au Régiment : laborieux, francs, honnêtes, sobres, aimant notre chère Patrie et respectant son Drapeau.

CHAPITRE I

DISPOSITIONS GÉNÉRALES

1° *Du service militaire*. — Tout Français valide doit le service militaire pendant 25 ans : 3 ans dans l'armée active ; 10 ans dans la réserve de l'armée active ; 6 ans dans l'armée territoriale et 6 ans dans la réserve de l'armée territoriale.

Les militaires de l'armée active ne sont pas tous astreints à rester 3 ans sous les drapeaux ; tels sont ceux dispensés d'une partie du service actif en vertu des articles 21, 22, 23, 39 et 46 de la loi, du 15 juillet 1889. (1)

Ces hommes forment la catégorie de la disponibilité.

-----

(1) Art. 21. — 1° Aîné d'orphelins de père et de mère ou l'aîné d'orphelins de mère dont le père est déclaré absent ou interdit ; 2° le fils unique ou l'aîné des fils, ou à défaut de fils ou de gendre, le petit-fils unique ou l'aîné des petits-fils d'une veuve ou d'une femme dont le mari est déclaré absent ou interdit, ou d'un père aveugle ou entré dans sa 7ᵉ année ; 3° fils unique ou aîné des fils d'une famille de sept enfants au moins ; 4° le p'us âgé des deux frères inscrits la même année sur la liste de recrutement ; 5° Celui dont un frère est présent sous les drapeaux ; 6° Celui dont le frère est mort en activité de service ou a été réformé ou admis à la retraite pour blessures ou infirmités contractées dans le service.

Art. 22. — Jeunes gens qui remplissent effectivement les devoirs de soutiens indispensables de famille. Le cons il de révision ne peut dépasser, pour ces dispenses, la proportion de 5 0/0 du contingent à incoporer pour 3 ans. Toutefois les chefs de corps peuvent être autorisés après la 1ʳᵉ année et après

2° *Disponibilité*. — La disponibilité est la position de l'homme qui, n'ayant point accompli en entier les trois années de service actif, n'est pas encore dans la réserve de l'armée active.

Se trouvent dans cette catégorie :

Les hommes renvoyés dans leurs foyers après un an de présence sous les drapeaux en vertu des articles 21, 22, 23, 39 et 46 de la loi précitée.

Les hommes envoyés en congé en attendant l'époque de leur passage dans la réserve.

Tous ces hommes forment une catégorie à part, sont considérés comme réservistes et affectés à un corps de l'armée active au même titre que les réservistes. Les disponibles dispensés de deux ans. de services en vertu de l'art. 23 sont astreints à une période d'exercices de 4 semaines dans le cours de la 3ᶜ année de leur inscription sur les contrôles de l'armée active.

3° *Services auxiliaires*.- Sont classés dans ces services les hommes qui, n'ayant pas été reconnus propres au service armé, sont cependant jugés susceptibles d'être utilisés dans les services auxiliaires de l'armée (1).

---

la 2ᵉ à accorder des disperses au même titre. — Proportion à ne pas dépasser chaque année : 1 0/0 de l'effectif de la classe appartenant au corps.

Art. 23. — Dispensés conditionnels : instituteurs, ecclésiastiques, congréganistes voués à l'enseignement, étudiants, élèves des grandes écoles, artistes médaillés ou diplômés et jeunes gens exerçant des industries d'art ; (ces derniers dans la proportion de 1/2 0/0 seulement du contingent de 3 ans.)

Art. 39, et 46. — Le nombre d'hommes sous les drapeaux est en cas d'excédent ramené à l'effectif déterminé par les lois au moyen du renvoi dans leurs foyers, après 1 an de service, d'un certain nombre d'hommes ayant eu au tirage au sort les numéros les plus élevés.

(1) Les hommes classés dans les services auxiliaires le sont pour défaut de taille, pour faiblesse de constitution, pour in-

4° *Réserve de l'armée active.* — La réserve de l'armée active est formée par les hommes qui ont passé 3 ans dans une des catégories ci-après : 1° sous les drapeaux, 2° dans la disponibilité ; 3° dans les services auxiliaires. A l'exception des hommes des services auxiliaires, tous les réservistes doivent accomplir deux périodes d'exercices d'une durée de 4 semaines chacune.

5° *Armée territoriale.* — L'armée territoriale est composée : 1° des hommes de toutes catégories ayant accompli 10 années de service dans la réserve de l'armée active ; 2° des hommes de la réserve de l'armée active qui deviennent pères de quatre enfants vivants.

Les hommes appartenant à l'armée territoriale doivent accomplir pendant leurs 6 années une période d'instruction de 13 jours. (15 jours pour les gradés).

6° *Réserve de l'armée territoriale.* — Cette catégorie est formée des hommes qui ont accompli 6 années de service dans l'armée territoriale.

La réserve de l'armée territoriale n'est pas convoquée pour des périodes d'instruction.

Toutefois, les hommes affectés à la garde des voies de

firmités ou pour difformités. Ces jeunes gens ne sont susceptibles de servir qu'en cas de mobilisation ou de guerre.

Ils sont répartis entre diverses catégories susceptibles d'être utilisées : notamment dans les lieux de concentration pour le service d'alimentation ; dans les stations halte-repas ; dans les diverses places lors de la mobilisation ; pour la réquisition de chevaux et voitures ; dans les bureaux de l'intendance, du recrutement et des corps de troupe en temps de guerre.

Les hommes des services auxiliaires sont astreints à de appels ou revues au moment du passage du Conseil de révision dans chaque canton. Chaque homme est appelé 5 fois pendant toute la durée de son service, de 20 à 45 ans. On prend note de ceux qui savent soigner les chevaux et conduire les voitures de ceux dont la profession aurait changé, etc....

communication en cas de guerre peuvent être astreints, en temps de paix, à divers exercices spéciaux dont la durée totale ne peut excéder 9 jours.

7° *Non-disponibles et hommes classés aux affectations spéciales*

On appelle non-disponibles et classés aux affectations spéciales les militaires appartenant aux diverses catégories de la disponibilité, de la réserve et de l'armée territoriale, qui sont employés dans des établissements ou services de l'Etat, chemins de fer, administrations ou services publics ; en cas de mobilisation, ils ne sont appelés que sur un ordre spécial du Ministre de la guerre. Ils reçoivent en échange de leur livret individuel un certificat constatant leur position. Ils sont à la disposition du Ministre de la guerre et, en cas de mobilisation, soumis aux lois et règlements qui régissent l'armée.

En temps de paix, ils sont dispensés, en général, des exercices et manœuvres ; ils ne sont pas astreints à effectuer les déclarations de changement de domicile et de résidence tant qu'ils sont classés non-disponibles et dans les affectations spéciales.

Tout homme venant à être rayé des contrôles de la non-disponibilité est tenu d'accomplir la dernière des périodes d'instruction dont il avait été dispensé à titre de non-disponible.

8' *Classe de Recrutement et de mobilisation.* — Il y a deux sortes de classes :

1° La classe de recrutement ; 2° la classe de mobilisation.

La classe de recrutement est celle à laquelle on appartient par la date de sa naissance ou de son tirage au sort.

L'homme né en 1878, qui a tiré au sort en 1899, appartient à la classe de recrutement de 1898.

La classe de mobilisation est celle à laquelle l'homme appartient par ses services ; il en suit le sort tant pour les appels que pour une mobilisation.

L'homme né en 1878, qui a contracté un engagement volontaire en 1896, fait partie par son âge de la classe de recrutement de 1898, mais, à cause de son engagement, il appartient aussi à la classe de mobilisation de 1895.

Cette classe comprend tous les hommes dont le service militaire a commencé ou est censé avoir commencé la même année.

Pour la connaitre, il suffit de diminuer d'une unité le millésime de l'année pendant laquelle l'homme a été incorporé.

9° *Discipline.* — Les hommes renvoyés ou laissés dans leurs foyers sont, dans certains cas et à quelque catégorie qu'ils appartiennent, soumis à la discipline militaire.

Ils ne peuvent jamais, en dehors des convocations, se revêtir d'effets militaires. Toute infraction à cette règle les rend passibles de prison. Les hommes revêtus d'effets bourgeois qui ne s'éloignent pas d'un rassemblement tumultueux sont passibles de punitions ; ceux qui s'y trouvent en armes ou revêtus d'un effet d'uniforme et qui n'obtempèrent pas aux ordres de l'autorité militaire ou civile sont considérés comme en état de rébellion et traduits devant un conseil de guerre.

Les hommes de toutes catégories, revêtus d'effets d'uniforme, sont soumis aux règles militaires ; ils doivent en toute circonstance, même hors du service, de la déférence et du respect à leurs supérieurs et sont tenus de se conformer à toutes les prescriptions sur les marques extérieures de respect. Ceux qui, étant dans leurs foyers, qu'ils soient ou non revêtus d'effets d'uniforme, outragent un de leurs supérieurs à l'occasion des faits se rattachant au service sont traduits devant les tribunaux.

Le 20 mars 1883, une peine de huit ans de travaux publics a été prononcée par le 2e conseil de guerre de Paris contre un réserviste qui, après être rentré dans ses foyers, avait outragé par paroles, gestes et menaces, un maréchal-des-logis de son régiment.

Les réservistes et territoriaux sont justiciables des tribunaux ordinaires ou des tribunaux militaires, suivant a nature des fautes, crimes ou délits qu'ils commettent.

10° *Demandes autres que celles relatives aux dispenses, réclamations.* — Les hommes appartenant aux diverses classes de la réserve et de l'armée territoriale, maintenus ou envoyés dans leurs foyers, doivent se conformer aux règles suivantes, dans leurs rapports avec l'autorité militaire :

Les hommes domiciliés dans une subdivision de région transmettent les demandes qu'ils auraient à adresser à l'autorité militaire, au général commandant la subdivision, par l'intermédiaire du commandant de la gendarmerie, qui les fait parvenir au commandant du bureau de recrutement.

Les demandes qui sont adressées à l'autorité militaire contrairement à ces règles sont retournées à l'intéressé avec une annotation faisant connaître l'autorité à laquelle il doit transmettre sa demande.

Quant aux hommes qui ont régulièrement changé de

résidence, ils doivent adresser les demandes ayant trait aux objets ci-après :

A. M. le général commandant la subdivision de région de leur domicile et non de leur résidence actuelle, par l'intermédiaire de la gendarmerie de leur résidence chargée de les adresser au commandant du bureau de recrutement de leur domicile qui instruit.

Renseignements relatifs à leur situation au point de vue des obligations du service militaire ; réclamations diverses.

A. M. le général commandant la subdivision de région de la résidence, par l'intermédiaire du commandant de la gendarmerie de cette résidence et du commandant de recrutement qui instruit :

1° Réforme pour cause de maladie ; 2° Autorisation de n'accomplir que l'année suivante la période d'instruction pour laquelle l'homme est convoqué (ajournement) ; 3° Autorisation de faire la période d'instruction dans un corps de même arme de la région où l'homme est en résidence régulière (cette autorisation ne peut être accordée aux hommes affectés à des corps de troupe qui manœuvrent ; 4° Devancement d'appel de l'homme appartenant à la classe qui doit être convoquée l'année suivante.

Les demandes formées par les hommes ayant changé de résidence sans faire les déclarations prescrites ne sont pas accueillies. Les hommes domiciliés ou en résidence dans le département de la Seine adressent directement, par l'intermédiaire de la gendarmerie, toutes ces demandes à M. le gouverneur militaire de Paris.

Comme on le voit, quelle que soit la nature des demandes autres que celles relatives aux dispenses dont il est parlé ci-dessous (article 11) et quelle que soit l'autorité à qui elles sont adressées, les hommes doivent toujours les remettre directement à la gendarmerie de laquelle relève la commune où ils ont leur domicile ou leur résidence.

Toute marche contraire ferait considérer la demande comme non avenue, elle serait renvoyée à son auteur sans qu'il y soit donné suite.

11° *Demande de dispense de période d'instruction à titre de soutiens de famille.*

Ces demandes sont adressées au maire de la commune du domicile. (Voir le chapitre IV).

12° *Punitions.* — Les hommes peuvent être punis par les commandants de recrutement et par les généraux de brigade et de division exerçant le commandement territorial. Les punitions peuvent atteindre trente jours de prison. Elles sont accomplies, soit dans les locaux disciplinaires des corps de troupe à proximité, soit dans des lieux de détention militaire, soit enfin dans les prisons civiles.

Les infractions qui peuvent amener l'homme devant les tribunaux, sont :

En cas de récidive, le retard non justifié pour répondre à une convocation aux manœuvres ; les infractions contre la discipline commises par les hommes revêtus d'effets d'uniforme.

L'homme puni est prévenu par un ordre de punition

qui lui est transmis ou déposé à son domicile ou à sa résidence par la gendarmerie un mois au moins avant le jour où il doit se mettre en route. La gendarmerie dresse un procès-verbal de remise.

L'homme se rend librement au lieu et au jour indiqués sur l'ordre, pour subir sa punition. Cet ordre lui donne droit au transport à prix réduit sur les voies ferrées pour l'aller et le retour. Ceux qui n'obéissent pas à cet ordre sont conduits sous l'escorte de la gendarmerie.

13° *Réforme.* — Les hommes de la disponibilité, ceux classés dans les services auxiliaires, les hommes de la réserve de l'armée active, de l'armée territoriale et de la réserve de l'armée territoriale qui deviennent impropres au service militaire doivent, *sans délai,* formuler une demande à l'effet d'être examinés par la commission spéciale de réforme ; ils peuvent y joindre un certificat médical visé par le maire de la commune habitée par le médecin.

Ces deux pièces sont remises au commandant de la brigade de gendarmerie de la résidence pour être transmises au commandant de recrutement. Cet officier supérieur fait connaître alors aux intéressés le jour, l'heure et le lieu où ils devront se rendre pour être visités par la commission spéciale de réforme. Les hommes qui ont des infirmités ou des maladies ne doivent pas hésiter à se présenter devant la commission spéciale de réforme. Elle se réunit chaque mois au chef-lieu de la subdivision.

Ils ont un intérêt majeur à suivre ces prescriptions, car ceux qui n'auront pas fait valoir leurs droits avant l'ordre de mobilisation seront tenus de *rejoindre* et maintenus au corps.

14° *Mariages.* — Les hommes de la disponibilité, de la réserve active et de l'armée territoriale et de sa réserve, les ajournés, les soutiens de famille, les marins en congé, les hommes classés dans les services auxiliaires, ainsi que les militaires en congé en attendant leur passage dans la réserve peuvent se marier sans l'autorisation de l'autorité militaire ; ils n'ont qu'à présenter leur livret individuel au maire de la commune où ils doivent contracter mariage ; mais ils sont prévenus que, dans aucun cas, le mariage ne peut donner droit à une exemption quelconque du service.

CHAPITRE II

CHANGEMENTS DE DOMICILE
ET DE RÉSIDENCE

1º *Changements de domicile et de résidence (Renseignements Généraux.)* — Les hommes doivent se rendre un
compte exact de la différence qui existe entre le changement de domicile et le changement de résidence.

Le changement de domicile implique l'abandon, sans
esprit de retour, du lieu que l'on quitte pour se fixer
définitivement dans celui que l'on vient habiter.

Le changement de résidence n'implique qu'une ab-
sence momentanée du lieu que l'on quitte avec l'inten-
tion d'y revenir dans un laps de temps indéterminé.

Tous les hommes soumis à la loi sur le recrutement,
quelle que soit la catégorie à laquelle ils appartiennent
sont tenus, conformément à la loi du 15 Juillet 1889, de
faire les déclarations de changement de domicile, de résidence ou de déplacement pour voyager.

L'homme qui néglige de faire ces déclarations est
puni disciplinairement ; cette punition peut atteindre
trente jours de prison.

En cas d'appel ou de manœuvres, les hommes des
classes appelées qui font des déclarations de changement
de domicile dans les vingt jours précédant la date de
leur convocation, doivent rejoindre le corps pour lequel ils avaient été désignés précédemment et le chan-

gement d'affectation (ne s'opère qu'après la période d'exercices.

Lorsque, en quittant le corps, l'homme ne se retire pas dans la subdivision dans laquelle il a tiré au sort, il effectue au lieu d'arrivée la déclaration prescrite par la loi, mais il n'est affecté qu'après six mois à un corps de la subdivision qu'il vient habiter. L'homme présente à cette date son livret individuel à la gendarmerie du lieu où il se fixe.

Toutefois, pendant ces six mois, l'homme n'est pas tenu de rester dans la même localité et peut changer de résidence.

Les sous-officiers retraités doivent, s'ils se retirent dans une subdivision autre que celle d'origine, en effectuer la déclaration devant le conseil d'administration du corps avant leur départ.

2° *Changement de domicile, formalités au départ et à l'arrivée.*

Tout homme qui quitte une localité pour aller se fixer dans une autre sans esprit de retour effectue un changement de domicile. Dans ce cas, il fait viser dans le délai d'un mois son livret individuel par la gendarmerie dont relève la localité où il transporte son domicile.

Si l'homme établit son domicile dans une localité où il se trouve déjà en résidence, il fait viser son livret à la gendarmerie comme il vient d'être dit. Lorsqu'il se fixe dans une grande ville, il indique à la gendarmerie la rue et le numéro de la maison qu'il habite : il l'informe également des changements d'adresse qu'il peut effectuer.

3° *Changement de résidence.* — L'homme quittant son domicile avec esprit de retour pour aller se fixer momentanément dans une autre localité, opère un changement de résidence. Il doit, dans un délai d'un mois, en faire la déclaration au commandant de la Brigade de gendarmerie dont fait partie sa nouvelle résidence.

La gendarmerie appose son visa sur le livret individuel. L'homme qui fixe sa résidence dans les départements de la Seine et de Seine-et-Oise est tenu de remplir toutes les formalités prescrites ci-dessus ; il se rend à la gendarmerie de la Seine, ou de Seine-et-Oise, qui l'invite à se présenter de nouveau dans un délai de quinze jours, pour recevoir un bulletin de notification lui faisant connaître le point où il doit se rendre en cas de mobilisation, soit pour être compris dans un détachement, soit pour être dirigé isolément.

L'homme quittant le gouvernement de Paris pour se fixer en province est tenu, dès son arrivée, de remettre, à la gendarmerie de son nouveau domicile, le bulletin de notification mentionné plus haut.

L'homme qui fixe sa résidence à l'étranger ou aux colonies fait viser son livret avant son départ par la gendarmerie et doit, en outre, dès son arrivée, prévenir l'agent consulaire de France ou l'autorité militaire coloniale qui lui donne récépissé de sa déclaration.

A l'étranger, s'il se déplace pour changer de résidence, il en prévient, au départ et à l'arrivée, l'agent consulaire de France, qui en informe le Ministre de la guerre.

Lorsqu'il rentre en France, il se conforme aux prescriptions du premier alinéa du présent article.

Des punitions sévères sont infligées aux hommes qui ne se conforment pas à ces prescriptions.

4° *Déplacement pour voyager.* — L'homme qui se déplace pour voyager pendant plus d'un mois fait viser son livret avant son départ par la gendarmerie de sa résidence habituelle.

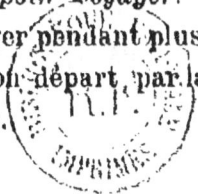

CHAPITRE III.

DU LIVRET.

1. *Livret individuel.* — Le livret individuel est une pièce officielle qui constate que les hommes satisfont ou ont satisfait à leurs obligations militaires et qui renferme les ordres et les renseignements relatifs à ces obligations.

Tous les hommes reconnus propres au service ainsi que ceux classés dans les services auxiliaires reçoivent un livret individuel qu'ils doivent conserver soigneusement jusqu'à leur libération définitive, c'est-à-dire pendant vingt-cinq ans. Il contient :

1º En haut de la couverture, et d'une façon très apparente, l'indication de la classe de mobilisation dont l'homme fait partie et avec laquelle *il doit marcher*, d'après les années de service qu'il a accomplies ;

2º Au verso de la couverture, un avis relatif à la délivrance du livret et aux inscriptions qui doivent y être faites ainsi qu'une observation importante indiquant à l'homme qu'il doit conserver son livret avec le plus grand soin, sous peine de punition disciplinaire; lui prescrivant de conserver son livret même après sa libération définitive et ce qu'il doit faire lorsqu'il perd cette pièce, étant dans ses foyers ;

3º A la page 2 le tableau qui indique l'époque à laquelle l'homme devra passer dans la disponibilité, la réserve de l'armée active, l'armée territoriale et sa réserve, ainsi que la date de la libération définitive du titulaire du livret. Ce tableau, dressé lors de l'établissement du livret, est rempli à l'encre par le commandant de recrutement, qui y appose sa signature et son cachet.

Plusieurs lignes y sont ménagées dans le tracé de l'imprimé, en vue des déductions de service pouvant modifier les dates de passage ;

4° A la page 23, dispositions des lois et règlements dont les militaires doivent avoir incessamment le texte sous les yeux ;

5° A la page 24, la nomenclature des crimes et délits militaires et peines y attachées ;

6° A la page 29, un résumé des principales obligations militaires imposées aux hommes maintenus ou renvoyés dans leurs foyers ;

7° Des cases destinées à recevoir les visas de la gendarmerie en cas de changement de domicile ou de résidence.

Ces indi tions se trouvent dans la partie du livret qui est remise aux hommes lorsqu'ils sont appelés sous les drapeaux. Les autres pièces du livret, qui ne leur sont pas utiles pendant qu'ils sont incorporés, forment un fascicule qui est cousu au commencement du livret, après avoir été complété et remis aux hommes au moment du renvoi dans leurs foyers.

II. *Fascicule de mobilisation.* — Ce fascicule, composé de quatre pages en papier un peu fort et d'une couleur attirant l'attention, contient :

(a) A la première page le nom de l'homme, sa classe, son domicile, l'armée à laquelle il appartient, le régiment et la batterie ou la section qu'il devra rejoindre et le numéro matricule qu'il possède au répertoire du corps ;

(b) A la deuxième page, un avis très important indi_quant ce que l'homme doit faire, au moment de la mobilisation, dans le cas où il serait absent de son domicile ; *(cette deuxième page rappelle également aux hommes qu'ils doivent emporter de chez eux des vivres pour un jour)*.

(c) A la troisième page, l'ordre même de mobilisation, c'est-à-dire les prescriptions qui doivent être observées rigoureusement dans le cas où, l'homme étant à son domicile, il apprend par voie d'affiches ou de publications sur la voie publique que la mobilisation vient d'être ordonnée ;

(d) A la quatrième page les dispositions pénales applicables aux hommes déclarés insoumis en cas de mobilisation ; enfin un procès-verbal d'échange de fascicule qui doit être rempli et signé chaque fois qu'un fascicule doit être remplacé par un autre.

L'adoption de ce fascicule de mobilisation permet aux hommes de ne plus se séparer de leur livret individuel. Si, par exemple, l'ordre de route a besoin d'être remanié parce que l'homme a changé de domicile, ou que son affectation a été modifiée par suite de son passage dans la territoriale, d'un changement dans la mobilisation ou pour toute autre cause, le Commandant du bureau de recrutement établit un nouvel ordre, le fait parvenir au destinataire par les soins de la gendarmerie, et l'échange des fascicules a lieu sans que le destinataire se soit dessaisi de son livret.

Il y a quatre modèles de fascicules de mobilisation :

1° Le modèle **A** et le modèle **A₁** destinés aux hommes

de la réserve et de la territoriale, qui doivent rejoindre leur corps directement, soit par chemin de fer, soit sans faire usage du chemin de fer. Le modèle **A** ; pour les hommes qui font usage du chemin de fer, est de couleur rose. Le modèle **A**1 pour les hommes qui doivent rejoindre sans prendre le chemin de fer est de couleur vert clair.

2° Le modèle **S** et le modèle **S**1 destinés aux hommes de la Réserve et de la territoriale qui avant de rejoindre leur corps doivent accomplir un service spécial, par exemple se rendre dans une localité voisine de leur domicile pour y prendre des animaux de réquisition qu'ils devront conduire au lieu indiqué par le fascicule.

Le modèle **S**, pour les hommes qui doivent faire usage du chemin de fer, est de couleur jaune rayée de rose ; le modèle **S**1, pour les hommes ne devant pas prendre le chemin de fer, est de couleur jaune rayée de vert.

III. — *La feuille spéciale aux appels.*

La feuille spéciale aux appels n'existe plus dans le livret.

Pour les périodes d'instruction à accomplir, les réservistes et les territoriaux reçoivent, par l'intermédiaire de la gendarmerie, ou par la poste, des ordres de convocation individuels signés du commandant du bureau de recrutement de leur subdivision de région.

IV. — *Ordre de route en cas de mobilisation.*

L'ancien ordre de route, placé autrefois à la fin du livret individuel, est supprimé.

Tous les renseignements nécessaires aux réservistes et aux territoriaux qui se trouvent au moment de la mobilisation soit à leur domicile, soit en dehors de leur domicile, sont consignés dans le fascicule de mobilisation pages 3 et 2.

V. — *Certificat d'identité.*

Le certificat d'identité que doit produire tout militaire, qui, au moment de son départ, s'aperçoit qu'il a perdu son livret, sert à constater sa position en arrivant au corps ou au bureau de recrutement ; il doit être établi, soit par le maire de la commune avec l'assistance de deux témoins, soit par le commissaire de police et, à défaut, par le commandant de la brigade de gendarmerie ; c'est donc à l'une de ces autorités qu'il doit être demandé.

VI. — *Echange des Fascicules.*

En principe et à moins d'un cas tout à fait exceptionnel les réservistes et les territoriaux ne doivent jamais se dessaisir de leur livret. Lorsque leur affectation ou leur ordre de route doivent être modifiés, par suite de leur passage dans la territoriale ou pour toute autre cause, ils reçoivent de nouveaux fascicules en échange des anciens, par l'intermédiaire de la gendarmerie de leur résidence. Il est dressé un procès-verbal de l'échange (*page 4 du fascicule.*)

VII. — *Remise des Livrets.*

Les hommes {qui quittent les corps emportent leur livret individuel muni des fascicules de mobilisation. Ils signent un procès-verbal de remise. Exceptionnellement il peut arriver que le livret ou le fascicule de mobilisation ne soit pas remis au départ du corps (*hommes en convalescence, en permission, détachés etc...*

au moment de la libération) : dans ce cas, l'intéressé reçoit du bureau de recrutement par l'intermédaire de la gendarmerie son livret ou son fascicule, dès qu'ils ont été complétés.

VIII. — *Présentation du Livret.*

L'homme doit présenter son livret, mais non s'en dessaisir, à toute réquisition des autorités civiles, militaires, judiciaires et de la gendarmerie. Il doit toujours en être porteur chaque fois qu'il est appelé ou convoqué pour une réunion.

Si, exceptionnellement, il est obligé de se dessaisir de son livret, il doit exiger de l'autorité requérante la remise d'un récépissé.

IX. — *Conservation du Livret.*

Le livret doit être conservé avec le plus grand soin ; toute négligence à cet égard est passible de punition. La lacération du livret et celle du fascicule est une infraction très grave, parce qu'elle met l'homme dans l'impossibilité de satisfaire aux obligations que la loi lui impose.

L'homme qui perd son livret, étant dans ses foyers, doit en faire immédiatement la déclaration au commandant de la gendarmerie. De même l'homme qui, pour une cause quelconque, n'est pas pourvu de livret, doit en faire sans délai la déclaration à la brigade de gendarmerie de sa résidence ; il lui est délivré un nouveau livret qui porte à la première page et en gros caractères le mot : **Duplicata.**

L'homme qui n'est pas au moment de la convocation

de sa classe en possession de son livret doit se rendre immédiatement, muni du certificat d'identité indiqué plus haut, au bureau de recrutement de la subdivision où il réside ; il est alors dirigé, s'il y a lieu, sur le corps auquel il est affecté.

CHAPITRE IV.

APPELS ET MOBILISATION.

1º Des Appels. — Les appels sont ordonnés par le Ministre de la guerre qui en fixe les époques. Les convocations ont lieu par voie d'affiches qui indiquent : les classes appelées, les corps, fractions de corps, ou unités qui doivent prendre part aux exercices, la durée des convocations, les jours où les hommes doivent être rendus à destination. enfin les prescriptions diverses auxquelles les hommes convoqués ont à se conformer. Les périodes d'appel, soit de l'armée territoriale, soit de l'armée active, ont lieu en principe, au printemps et en automne, et, dans chacune de ces périodes, en une ou plusieurs séries suivant les armes convoquées et les ressources du casernement.

Les affiches en font mention.

Les indications ci-dessus étant susceptibles de modifications, les hommes doivent, en lisant les affiches, s'assurer qu'ils font partie des classes appelées, qu'ils sont affectés à un corps, fraction de corps ou unité qu'elles désignent, et comparer les instructions qu'elles donnent avec les indications portées sur leurs livrets individuels *(Couverture, pages 3 et 4, et fascicule de Mobi lisation.)* Les convocations ne se font pas toujours par voie d'affiches. Depuis quelques années elles ont lieu au moyen d'ordres d'appel individuel remis par la gendarmerie *ou par la poste.*

Tout homme qui se présente au lieu de réunion sans son livret individuel, ou un récépissé de dépôt, ou un certificat d'identité, est passible d'une punition.

En temps de paix, les hommes de la réserve et ceux de l'armée territoriale, convoqués pour des manœuvres ou des exercices ou appartenant à des classes rappelées par décret, qui ne seront pas rendus le jour fixé au lieu indiqué par les ordres d'appels ou affiches, seront passibles d'une punition disciplinaire. En cas de récidive les pénalités concernant l'insoumission leur sont applicables.

Les hommes appelés pour une période d'exercices ont droit aux indemnités de route (*kilométrique, journalière ou spéciale.*) dans les conditions suivantes :

Les réservistes et les territoriaux qui, en raison du court trajet à accomplir, ou de la facilité des communications, peuvent, en partant le matin, être rendus au corps avant midi, perçoivent pour cette journée la solde et les vivres au lieu de l'indemnité spéciale ou journalière de 0,25. Mais l'indemnité kilométrique sur voies ferrées est allouée à ceux d'entre eux qui ont à effectuer un parcours d'au moins 37 kilomètres. (*Bulletin officiel,* Août 1899.). Les réservistes et les territoriaux qui ne peuvent arriver avant midi ont droit comme autrefois à l'indemnité kilométrique et à l'indemnité journalière ou spéciale.

Pour le renvoi dans les foyers il a été pris des dispositions analogues. Les réservistes et les territoriaux sont souvent mis en route la veille au soir de la date fixée pour leur renvoi.

Ceux qui, partant après le repas du soir, peuvent rejoindre leur domicile le même jour avant minuit ne reçoivent pas l'indemnité spéciale de 1f 25 puisqu'il

ont eu leur solde et leurs vivres. L'indemnité kilométrique sur voies ferrées est allouée à ceux qui ont à faire
un parcours d'au moins 37 kilomètres.

Les hommes qui ont changé de domicile ou de résidence
sans faire les déclarations légales, outre les punitions
auxquelles ils s'exposent n'ont droit aux indemnités
qu'à partir de leur ancien domicile ou de leur an-
cienne résidence régulièrement déclarés.

Les réservistes convoqués doivent, avant leur départ,
se faire couper les cheveux et la barbe à l'ordonnance,
d'après les prescriptions du règlement sur le service
intérieur.

Les hommes qui ont quitté les corps, en emportant
des effets d'uniforme, sont tenus de les conserver et de
les entretenir soigneusement jusqu'à ce qu'ils soient ver-
sés dans l'armée territoriale. Ils arrivent au corps revêtus de ces effets pour les périodes d'instruction.

En dehors des convocations il leur est interdit d'en
faire usage ; ceux qui ne se conforment pas à cette
prescription sont passibles de quatre jours de prison.

Les hommes punis de prison pendant les périodes
d'exercices subissent leur punition après la dite période c'est-à-dire, qu'ils sont maintenus, après le départ de leurs camarades, un nombre de jours égal à
celui des jours de prison qu'ils ont à subir.

II. — *Malades.*

Les hommes malades au moment d'une convocation
pour exercices doivent en informer sans délai le chef
de la brigade de gendarmerie dans le ressort de laquelle
ils sont domiciliés ou en résidence et lui adresser un
certificat médical délivré, soit par un médecin militaire.

soit par un médecin civil ; dans ce dernier cas, le certificat est visé par le maire de la commune et mentionne l'impossibilité où se sont trouvés les hommes de se faire visiter par un médecin militaire.

Toutefois les militaires qui peuvent se déplacer doivent se présenter devant la commission de réforme ou tout au moins au médecin chargé du service de recrutement ; s'ils ne sont pas réformés, ils sont considérés comme ajournés et accomplissent, l'année suivante, la période d'exercices pour laquelle ils étaient convoqués.

III. — *Dispenses de périodes d'instruction.*

Peuvent être dispensés des périodes d'exercices ou manœuvres, comme soutiens indispensables de famille et s'ils en remplissent effectivement les devoirs, les hommes de la réserve et de l'armée territoriale qui en font la demande.

Les demandes sont adressées, un mois avant la date fixée pour la convocation, au maire de la commune où les intéressés sont domiciliés. Il en est donné récépissé. Elles doivent comprendre à l'appui :

1° Un relevé des contributions payées par la famille et certifié par le percepteur ;

2° Un avis motivé de trois pères de famille résidant dans la commune et ayant un fils sous les drapeaux ou, à défaut, dans la réserve de l'armée active, et jouissant de leurs droits civils et politiques.

Le maire soumet les demandes au conseil municipal qui les annote. Les listes de demandes annotées sont envoyées par les maires aux généraux commandant les subdivisions de région, qui statuent.

Ces dispenses peuvent être accordées, par subdivision

de région, jusqu'à concurrence de 6%, du nombre des hommes appelés momentanément sous les drapeaux ; elles n'ont d'effet que pour la convocation en vue de laquelle elles sont délivrées.

Les hommes qui les obtiennent reçoivent un avis spécial par les soins du commandant du bureau de recrutement.

IV. — *Ajournement, Devancement d'appel, Autorisation d'accomplir la période d'instruction dans un corps de la région où l'homme est en résidence.*

Les hommes placés dans une situation digne d'intérêt et qui allèguent des motifs sérieux tels que des circonstances particulières venant entraver la direction d'une maison de commerce, d'une usine, la mort d'un parent etc..... peuvent obtenir des ajournements ou être autorisés à devancer l'appel.

Leur demande motivée est remise au commandant de la brigade de gendarmerie de leur résidence. Enfin, les hommes en résidence loin de leur domicile peuvent quelquefois obtenir de l'autorité militaire l'autorisation de faire leur période d'instruction dans un autre corps de la même arme de la région où ils sont en résidence régulière. Toutefois, cette autorisation ne peut être accordée aux hommes affectés à des corps de troupe désignés pour faire les manœuvres. Les hommes qui n'ont pas reçu, quarante huit heures avant le moment du départ, réponse à une demande de dispense, d'ajournement, etc, doivent prendre leurs dispositions pour rejoindre leur corps.

V. — *Hommes en témoignage.*

En temps de paix, les hommes qui auraient reçu pour le jour de la convocation, une assignation en qualité de témoins, peuvent obtenir un ajournement sur la production d'une copie de leur assignation certifiée conforme par le maire.

Il en est de même pour ceux qui font partie du jury d'une cour d'assises.

VI. — *Renvoi des hommes.*

Les hommes sont renvoyés dans leurs foyers après chaque période d'exercices (*à l'exception des malades et punis, qui ne partent qu'après leur guérison ou leur punition terminée*) ; ils ont droit au prix réduit sur les chemins de fer. Leurs billets de chemin de fer leur sont délivrés par l'autorité militaire. Les isolés peuvent retirer eux-mêmes leurs billets à prix réduit, sur la présentation de leur livret, mais ceux qui, par convenance personnelle, négligeraient de se mettre en route à la fin des exercices, perdraient leurs droits au transport à prix réduit.

VII. — *Mobilisation.*

La mobilisation est le passage du pied de paix au pied de guerre ; elle peut être partielle ou générale ; elle est partielle lorsqu'il n'y a qu'un ou plusieurs corps d'armée de mobilisés ; elle est générale lorsque tous les corps d'armée sont mobilisés à la fois. Dans l'un et l'autre cas, elle est annoncée par voie d'affiches et de publications et portée à la connaissance de tous, à son de caisse et à son de cloches.

Les affiches désignent les catégories et les classes qui sont mobilisées et indiquent le jour et l'heure auxquels doit commencer la mobilisation. Les jours se comptent de minuit à minuit ; ils ne sont pas désignés

par le quantième du mois, mais par les expressions de
1er, 2e, 3e, 4e, 5e, 6e, 7e, 8e, 9e jour de la mobilisation. Si,
par exemple, le premier jour de mobilisation est fixé au
15 avril 1900, l'homme qui doit se rendre le cinquième
jour au lieu indiqué par son ordre de route devra
compter : 1er jour, 15 avril ; 2e jour, 16 avril ; 3e jour,
17 avril ; 4e jour, 18 avril ; 5e jour, 19 avril ; il devra
donc arriver le 19 avril 1900, au point de réunion et se
rendre immédiatement à la caserne où se trouve logé
le corps auquel il est affecté.

Pour les hommes qui ont des jours spéciaux de mobilisation, tels que ceux de la réserve de l'armée territoriale, le décompte s'opère dans la même forme, mais
en prenant pour base de départ le jour de mobilisation
indiqué par les affiches spéciales.

Si une ou plusieurs classes de la réserve de l'armée
territoriale sont mobilisées en même temps que la réserve de l'armée active et l'armée territoriale, les affiches
de mobilisation en font mention.

Les autres classes sont ensuite appelées par voie
d'affiches spéciales au fur et à mesure des besoins du
service en commençant par les classes les plus jeunes.

(*L'emploi des chemins de fer est interdit aux hommes
de la réserve et de l'armée territoriale qui doivent rejoindre, ainsi que l'indique leur fascicule de mobilisation
par les voies ordinaires, les points de réunion indiqués
sur leur ordre de route*).

Les réservistes, les hommes de la disponibilité et les
territoriaux dont les livrets font mention qu'ils peuvent
faire usage des voies ferrées, sont seuls admis en chemin
de fer. Leur transport s'effectue gratuitement à la con-
dition qu'ils présentent au receveur de la gare qui leur

est assignée comme point d'embarquement l'ordre de route de la page 3 du fascicule annexé à leur livret individuel.

Ces hommes doivent avoir soin d'emporter de chez eux des vivres pour un jour (*Circulaire M*^{elle} *d'août 1899*).

En temps de guerre, le fonctionnement normal des chemins de fer étant suspendu, c'est-à-dire qu'aucun voyageur n'étant admis sur certaines lignes, les hommes ont un intérêt majeur à se conformer scrupuleusement à l'itinéraire fixé par leur ordre de route.

En effet, ceux qui, pour réparer le temps perdu, voudraient prendre le chemin de fer à leurs frais pourraient être transportés à de grandes distances de leur lieu d'arrivée, ne plus trouver de correspondance, se placer ainsi, dans l'impossibilité de rejoindre et devenir passibles des peines sévères édictées contre l'insoumission en cas de guerre.

Ceux qui, absents de leur domicile, n'auraient point fait les déclarations réglementaires devront se présenter sans délai au bureau de recrutement de leur résidence. Ils seront, s'il y a lieu, dirigés sur leurs corps respectifs par les voies ferrées. Ceux qui ne seraient absents de leur domicile que momentanément, doivent se conformer à l'avis de la page 2 de leur fascicule de mobilisation.

VIII. — *Ordre individuel pour un service spécial.*

Des hommes appartenant aux diverses catégories de l'armée peuvent être requis dès le début de la mobilisation pour remplir des services spéciaux, tels que celui de conducteurs de chevaux de réquisition. Ils reçoivent, à cet effet, dès le temps de paix, un ordre d'appel individuel, auquel ils doivent avant tout obéir sans tenir compte de l'ordre de route annexé à leur livret, si toutefois celui-ci ne les désignait pas déjà pour un autre service spécial.

Dans ce cas, ils devraient rendre compte à la gendarmerie ou au maire de leur résidence de l'impossibilité dans laquelle ils se trouvent d'exécuter les deux ordres à la fois

Ces hommes emploient le chemin de fer s'ils ont plus d'une journée de marche à parcourir; d'ailleurs, en ce cas, l'ordre d'appel fait mention du droit à ce mode de transport.

Ils sont ensuite, leur mission spéciale terminée, soit dirigés sur leur corps par les soins de l'autorité militaire, soit renvoyés à leur point de départ, s'ils appartiennent à une classe dont l'ordre de mobilisation n'est pas encore lancé.

CHAPITRE V

OBLIGATIONS MORALES

Les diverses obligations qui viennent d'être passées en revue sont imposées par la loi ; il ne faut donc pas s'y soustraire. Tout Français doit tenir à les remplir exactement, rigoureusement. D'ailleurs toute infraction entraîne toujours, comme on l'a vu, une punition qu'un homme de cœur doit chercher à tout prix à éviter.

Mais à côté de ces obligations légales, qui ont pour sanction, en cas d'infraction, la punition disciplinaire, tout réserviste, tout territorial, à quelque classe de la société qu'il appartienne, ne doit jamais oublier qu'il est d'autres devoirs qui s'imposent à tout bon citoyen et sans l'observation desquels il ne sera jamais un bon soldat.

Ces devoirs, ces obligations sont ce qu'on peut appeler les devoirs moraux, les obligations morales.

Ces obligations sont nombreuses, mais il ne sera parlé ici que des principales, de celles qui ont un rapport plus direct avec les qualités militaires :

L'obligation morale du travail ;

L'obligation morale de la franchise en toutes choses ;

L'obligation morale de sobriété ;

Et l'obligation morale de respecter le drapeau, toujours et en toute circonstance.

Le travail. — L'homme n'est quelqu'un que par le travail. Le travail est un véritable trésor, c'est un capital qui enrichit non seulement le travailleur, mais encore toute la nation.

Par le travail, l'homme gagne sa vie et celle de ses enfants ; il acquiert des habitudes d'ordre et d'économie ; il se maintient en bonne santé, se fortifie de plus en plus et devient ainsi, au bout d'un certain temps et sans presque s'en apercevoir, capable d'efforts vigoureux qui lui coûtent peu et qu'il n'aurait jamais pu accomplir s'il était resté dans l'oisiveté.

Le travailleur est un bon citoyen, considéré de tout le monde, et il fait toujours un excellent soldat.

L'oisif et le paresseux ne sont capables d'aucun effort de corps ou d'intelligence : ils ne produisent rien de bon.

La paresse est la fille de la lâcheté et c'est la mère de tous les vices.

L'oisif, qui est toujours doublé d'un paresseux, est un être inutile qui manque à sa destinée, car l'homme a été créé pour l'action et le travail. Il ne peut être un bon soldat ; il est une honte et un danger véritable pour la Patrie.

Si la France ne comptait que des paresseux et des oisifs sur son sol fécond, l'agriculture, le commerce, l'industrie, les sciences et les arts tomberaient vite dans le néant et l'étranger ne tarderait pas à nous imposer sa volonté.

Franchise. — Tout ancien soldat doit avoir de la franchise, de l'honnêteté en toutes choses. Ces vertus lui ont été enseignées au Régiment, il doit les conserver précieusement dans ses foyers.

Être franc, c'est avoir conscience de ce que doit être l'homme ; c'est avoir le sentiment de l'honneur.

L'honneur et le mensonge ne peuvent marcher de compagnie. Le menteur et le fourbe sont des coupables ; Tous les deux cachent sciemment la vérité, et tromper autrui, lui dérober la vérité, c'est être aussi nuisible, souvent plus nuisible même que lui dérober une partie de ce qui lui appartient.

Un bon citoyen, un loyal soldat ne ment jamais, même pour obtenir un avantage, même pour éviter une punition. Son mensonge peut porter tort à un innocent, et porte toujours tort à lui-même d'ailleurs, s'il est dévoilé. Dans tous les cas, sa conscience n'est plus en repos, et, en cessant d'être *vrai*, il a abandonné l'une des plus grandes qualités de l'homme.

Sobriété. — La sobriété est indispensable à la santé. Elle rend le corps vigoureux et chasse les infirmités. Elle a toujours été la grande recette des personnes qui parviennent à un âge avancé. Il y a donc au point de vue physique un grand intérêt à être sobre.

Il y en a un aussi, au point de vue de l'économie et du bien-être intérieur de la famille, et c'est tellement évident qu'il est inutile d'insister sur ce point.

Sous tous les rapports, dignité de l'homme, qualités morales, santé, bien-être de la famille, l'ivrognerie est un des vices les plus funestes. Elle fait plus de victimes que la peste et le choléra ; rien qu'en Angleterre, l'ivrognerie tue 500.000 personnes par an. L'homme ivre a perdu les facultés qui élèvent l'homme et l'ennoblissent ; il est descendu au-dessous de l'animal, au-dessous de la brute. Rapidement, en quelques années seulement, l'ivrogne devient lourd et gauche ; il perd la santé et bientôt le goût du travail ; sa mémoire, son jugement dépérissent ; il devient lâche, timide, irrésolu.

Il ne peut donc être un bon soldat ; ses chefs ne peuvent compter sur lui. Il n'est jamais non plus un bon ouvrier, et il ne tarde pas à tomber dans la misère.

C'est là d'ailleurs le moindre des maux qui le guettent, car toutes les eaux-de-vie, tous les alcools, toutes les liqueurs, même celles du prix le plus élevé, les vins eux-mêmes vendus au cabaret, sont de véritables poisons qui agissent énergiquement sur tous les organes du corps humain et surtout sur le cerveau.

Neuf fois sur dix le coutumier de l'ivresse devient fou ; 66 fois sur 100, — c'est le résultat d'un calcul sérieux, — les criminels de la cour d'assises sont des alcooliques.

Enfin il est une autre conséquence, plus épouvantable encore et qui devrait guérir à tout jamais l'ivrogne de sa triste passion et le faire frémir d'horreur : ses enfants, ses pauvres enfants, innocents cependant, porteront pendant toute leur vie misérable la marque affreuse du vice de leur père, car ils naissent scrofuleux, atrophiés, rachitiques, hystériques et presque toujours pauvres d'esprit.

L'ivrognerie n'est donc pas seulement un vice abject, c'est un véritable crime.

L'antidote de l'ivrognerie est le travail.

———

L'oubli ou la méconnaissance des trois obligations morales dont il vient d'être parlé ne sont pas punis, en général, quand l'homme a quitté le régiment ; mais il ne faut pas perdre de vue qu'il existe cependant des sanctions qui, pour n'avoir pas un effet immédiat et afflictif, sont néanmoins plus sévères, plus dures que ne le seraient les punitions du régiment et même les punitions infligées au titre civil pour les contraventions et les délits.

Dans le domaine des choses morales, la conscience parle et nul ne peut se soustraire à sa voix. Dans le plaisir ressenti à la suite d'une bonne action ou à la fin d'une journée bien remplie, et dans l'amer regret éprouvé après un acte coupable ou une journée perdue par notre faute, nous trouvons déjà la récompense ou la punition d'avoir bien ou mal agi.

C'est déjà une sanction naturelle intérieure que personne ne peut éviter, et qui se transforme du reste le plus souvent, après un délai plus ou moins long, en sanction naturelle extérieure, car la santé et le bien-être sont d'ordinaire la conséquence heureuse d'une vie laborieuse, sobre et tempérante ; tandis que la maladie et les privations qu'elle traine à sa suite sont la conséquence désastreuse et inévitable de la vie contraire, oisive et intempérante.

De plus, n'oublions pas que nos habitudes morales, bonnes ou mauvaises, trouvent une autre espèce de sanction dans l'opinion publique, dans celle de nos amis et de notre famille. L'homme, naturellement et malgré lui, désire l'estime et la considération des autres hommes, surtout celles de ses proches et il souffre de leur mépris. Il doit donc trouver là encore un puissant motif pour le rappeler à la dignité humaine et pour l'aider à lutter contre la paresse, le mensonge et l'ivrognerie.

Celui qui a eu l'honneur de porter les armes, celui qui peut être encore appelé un jour à la noble tâche de défendre son pays aura donc toujours à cœur d'être irréprochable au point de vue moral.

C'est, s'il veut bien y réfléchir, le pur égoïsme qui le

lui conseille, car c'est dans son intérêt le plus immédiat.

Il se dira chaque jour : je veux être sobre, je veux être franc et honnête, je veux être un travailleur.

Et vouloir, c'est pouvoir.

Le Drapeau. — Le Drapeau de notre chère France sera toujours respecté, sera salué en toute circonstance. C'est un devoir auquel aucun ancien soldat ne manquera jamais, et voici pourquoi.

Le drapeau est l'emblème, l'image auguste de la Patrie.

Tous, nous lui devons par conséquent plus que du respect, plus que de la vénération : les bons Français professent un véritable culte pour le Drapeau.

Quand nous nous découvrons émus devant lui, quand le Régiment tout entier lui présente les armes au milieu d'un silence solennel, les honneurs que nous rendons ainsi s'adressent à la France, notre mère à tous, et à tous les enfants vertueux ou sublimes auxquels elle a donné le jour et dont l'histoire a enregistré les actes et les noms.

En honorant le Drapeau, ce sont donc nos ancêtres que nous honorons, qui tous, illustres ou obscurs, ont contribué à élever notre pays au premier rang des nations ; — c'est cette multitude d'hommes éminents, qui, dans tous les genres, guerre, sciences, industrie, littérature, beaux-arts..... ont porté si haut la gloire du nom Français — ; c'est cette longue suite de siècles pendant lesquels, heureuse ou malheureuse, la France n'a jamais cessé d'étonner l'univers par les brillantes qualités de cœur et d'esprit de ses enfants ; — c'est le sang généreux de nos aïeux, répandu à profusion dans le monde entier pour l'émancipation des peuples et le triomphe de la vérité ; — c'est le sol fécond dont nous sommes fiers, avec les tombeaux vénérés de toute cette lignée d'honnêtes gens à qui nous devons l'existence ; — c'est le génie français qui a enfanté tant de merveilles ; — c'est notre Patrie enfin.

Le jour de la bataille, le drapeau est l'âme de la France regardant ses enfants, les animant de son souffle héroïque et les entraînant, sublimes, à la défense du sol natal.

Depuis qu'il y a une France, le drapeau se dresse au milieu de ses armées. Il parle de la Patrie à ceux qui, pour elle, vont verser leur sang ; il les exhorte à ne pas lui en marchander une seule goutte ; il leur rappelle que leur dévouement est indispensable pour sauver ce qu'ils ont de plus cher, leur père, leur mère, leur femme, leurs enfants, et, s'ils tombent, il console, en restant debout, leur agonie glorieuse.

Sous le nom d'oriflamme et sous d'autres couleurs, le drapeau était, il y a sept siècles, à Bouvines, conduisant les milices de la France à la défense de leur sol envahi par les Allemands, et, au plus fort de la mêlée, agité en l'air par le preux chevalier qui le portait, il appelait les nôtres au secours de leur roi en péril.

Deux cents ans plus tard, lorsque la France agonisante allait passer tout entière au pouvoir de l'insatiable Anglais, ce fut autour de l'étendard blanc fleurdelysé de Jeanne d'Arc, la sainte et miraculeuse héroïne, que naquit le sentiment patriotique, lequel, réunissant en un seul faisceau tous les courages, auparavant épars et sans but, fit reculer l'ennemi héréditaire et le chassa à jamais de nos provinces qu'il avait si longuement et si ardemment convoitées.

Franchissons trois siècles et nous le retrouvons à

Denain, toujours blanc et fleurdelysé d'or, le jour où la dernière armée du grand roi Louis XIV livrait la suprême bataille qu'il aida à gagner en rappelant aux soldats de Villars que c'en était fait de la France, si par un miracle d'héroïsme ils ne la sauvaient.

A Valmy, à Jemmapes, à Fleurus, il fait flotter les trois couleurs immortelles à la tête des irrésistibles légions de la République ; cloué à un tronçon de mât, il a eu le dernier regard, la dernière pensée des marins du Vengeur, lorsqu'aux accents de la Marseillaise leur navire criblé de boulets s'enfonçait lentement dans les flots.

A Austerlitz, à Iéna, il a été sacré d'une gloire immortelle par les armées de l'Empereur. A l'heure des revers, pendant la funèbre retraite de Russie, c'est autour du drapeau que marchaient, rangés en un silence farouche, les survivants de la grande Armée.

Il y a trente ans, hélas ! le drapeau se voilait de deuil et la France était mutilée. La blessure saigne encore. Ce fut une terrible et sanglante leçon pour notre Patrie confiante et assoupie. Mais malgré des revers sans exemple, l'honneur fut sauf. L'ardeur héroïque et le dévouement sublime des vaincus montrèrent au monde entier ce que peut la nation française sans armée contre tout un peuple envahisseur, longuement préparé.

Notre drapeau a parcouru tout l'univers. L'Algérie et la Chine, le Mexique, le Sénégal et le Tonkin l'ont vu successivement apparaître ; naguère encore, une poignée de braves l'a planté à Madagascar, sur Tananarive conquise.

Mais ce n'est pas la guerre, les conquêtes seules qu'il a promenées à travers le monde ; son éternel honneur sera d'y avoir apporté aussi le généreux esprit de la France.

Anciens canonniers du 28e, soldats de la France, voilà votre Drapeau !

Pourriez-vous ne pas le respecter, ne pas l'aimer et ne pas tressaillir d'enthousiasme et d'espérance lorsque passent devant vous ses trois couleurs qui ont fait le tour du monde, et que vous lisez sa noble devise :

« Honneur et Patrie ! »

Vannes. — Imprimerie LAFOLYE, 2, place des Lices — 2050-1900.

RED· :

16

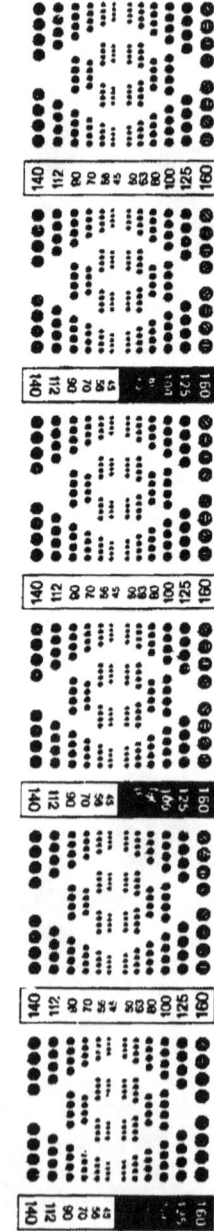

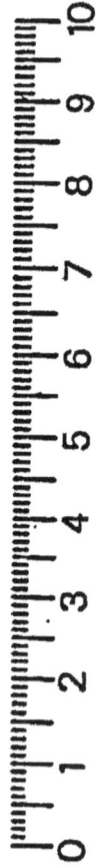

www.ingramcontent.com/pod-product-compliance
Lightning Source LLC
Chambersburg PA
CBHW071349200326
41520CB00013B/3160